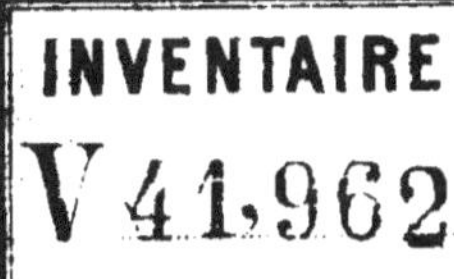

INDICATEUR

DES

MARCHANDS - FABRICANTS DE SOIERIES,

CHALES, CRÈPES, TULLES, VELOURS, ETC.

ET DES

INDUSTRIES UTILES

AUX CHEFS D'ATELIERS TISSEURS, ETC.

PRIX : 1 FRANC.

A LYON :

Chez { F. LUSY, QUAI DE BONDY, 76.
Et les libraires.

OCTOBRE 1855

INDICATEUR

DE LYON.

AVIS ESSENTIEL.

Depuis la réunion des faubourgs à la ville, plusieurs modifications étaient devenues indispensables, notamment celle de faire disparaître la répétition des noms de quelques rues, etc.

L'autorité préfectorale, avec le concours de la commission municipale, a arrêté, il n'y a pas longtemps, que ces modifications auraient lieu ; mais comme elles ne sont pas encore exécutées sur la voie publique, nous avons dû prendre un moyen de se reconnaître à l'avenir.

Lorsqu'on rencontrera deux noms de rues, quais ou places séparés par un trait d'union, le premier désignera le nom actuel, le second celui à venir ; il en est de même de deux numéros. Exemples : la rue Casati devant se nommer dorénavant Pouteau, nous indiquons l'adresse de M. Minvieille, mécanicien, rue Casati-Pouteau 17.

La rue des Fossés étant destinée à s'appeler désormais Austerlitz, nous donnons l'adresse de M. Berthet, fabricant de navettes : rue des Fossés-d'Austerlitz 19 ; ainsi du reste.

Lyon. — Imp. de F. Dumoulin , rue Centrale, 20.

INDICATEUR

DES

MARCHANDS - FABRICANTS DE SOIERIES,

CHALES, CRÊPES, TULLES, VELOURS, ETC.

ET DES

INDUSTRIES UTILES

AUX CHEFS D'ATELIERS TISSEURS, ETC.

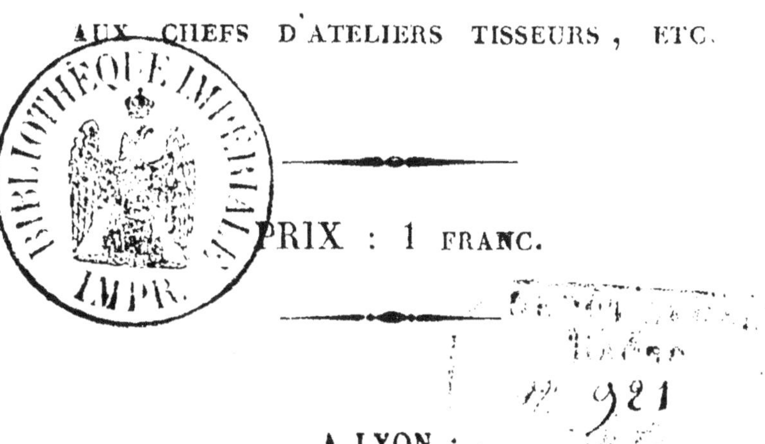

PRIX : 1 FRANC.

A LYON :

Chez { F. LUSY, QUAI DE BONDY, 76.
Et les libraires.

OCTOBRE 1855.

INDICATEUR

DU

COMMERCE DE LA SOIERIE

ET DES

INDUSTRIES QUI S'Y RATTACHENT.

SOIERIES, CHALES, ETC. (Fabricants de).

Algoud frères, soieries unies et armur. rue du Griffon 3.

Andréan, Ch. et Revoux, cravates unies et façon. rue St-Polycarpe 14.

Araud frères et Cie, étoffes unies pour parapluies et ombrelles rue St-Polycarpe 12.

Archirel, C. aîné, étoffes pour ornem. d'églises et ameublem. rue des Capucins 5.

Arquillière, B. et Clerc, crêpes en tous genres rue Puits-Gaillot 27.

Arquillière et Bourgeois, étoffes unies et armur. rue du Griffon 5.

Badoil, G. et Cie, soier. unies et façon. châles de de soie, nouv. gr. rue Feuillants 8.

Baizelon, A., et fils, étoff. unies et à disposit. pl. Tholozan 20.

Ballard et Rougane, foulards, thibets, etc. imprimés rue des Capucins 15.

Balleidier, F., velours façonn. gilets et nouv. rue des Capucins 22.

1

Balmont et Cie, façonn. velours, étoff. p. voitures taff. p. stores r. Vieille-Monnaie 33; mais. à Paris.

Bardon et Ritton, succ. de Vt Martel, soier. unies et armur. vel. et nouv. gr. r. des Feuillants 4.

Barogy, J., façon. nouv. pour chapellerie. rue des Capucins 14.

Baron et Gonnon, châles et gilets en tous genres cachemires et nouv. rue Vieille-Monnaie 33.

Bayard frères, soieries unies et façonn. pour la chapellerie, rue Tupin 28.

Beguet, A. et Girard, châles imprim. nouv. place Croix Paquet 3.

Bellaton, J.-B. et Cie, unies et façonn. châles et nouv. pl. Tholozan 26.

Bellon, J. et Cie, soier. unies noir. et armur. rue du Griffon 8.

Bellon et Martin, châles indous, nouv. pl. Croix-Paquet 2.

Belmont frères et Cie, unies, façonn. pour robes place Croix-Paquet 5.

Belmont, J.-N. aîné et Cie, foulards, thibets et cravates, rue des Capucins 23.

Belmont-Terret et Cie, unies et à disposit. crav. façonn. et unies rue des Capucins 23.

Benoît, J.-M., p. gil. crav. nouv. pl. Cr.-Paquet 5.

Berard, H.-D, soieries pour meubles, ornements d'église et nouv. rue St-Polycarpe 14.

Berger, A. et Cie, soier. unies et armur. pl. Croix-Paquet 3.

Berger jeune, étoffes broch. pour ornem. d'église et meubles rue Bouteille 25.

Berger et Pauthe, crav. en t. g. r. des Capucins 20.

Bernard et Jacque, velours unis noir et couleurs
   petite rue des Feuillants 6.
Bernard et Gojat, peluches, étoffes unies, armures
   nouv. r. du Griffon 8.
Bert et Cénas, étoff. p. orn. d'église r. Désirée 6.
Bertrand, Gayet et Dumontat, châles soie, cravat.
   et nouv. r. Puits-Gaillot 27.
Bertrand, A., Paupy et Floret, étoffes de soie laine
   et coton pl. Tholozan 26.
Bibet et Mégemond, cravates, fichus et nouv. rue
   St-Polycarpe 16.
Billiard, F., velours unis, façonn. et nouv. rues
   Vieille-Monnaie 30, Capucins 27.
Blache et Cie, velours noir et coul. rubans-velours
   place Tholozan 27.
Blanchon et Robin, velours unis, rue des Deux-
   Angles 21.
Bocoup, Villard et Saunier, étoffes pour robes et
   nouv. pl. Tholozan 27.
Bois, Ant., unies et nouv. gr. r. des Feuillants 1.
Boisset et Cie, unies et façonnées pour gilets et
   cravates place Croix-Paquet 9.
Bonet, A., Adam et Cie. velours, peluches, étoffes
   unies, rub. de vel. et peluche r. d. Capucins 29.
Bonnart, Ch. et Cie, étoffes pour gilets et cravat.
   place Tholozan 21.
Bonnet, C.-J. et Cie, unies noires, r. du Griffon 8.
Bossans père et fils et Vargoz, velours, cravates
   unies et façon. pl Croix-Paquet 11.
Bounaud et Cie, châles de soie, crêpes de Chine,
   robes et nouv. rue des Capucins 26.
Bourdin, F., taffetas, côte St-Sébastien 22.

Bouteille frères, châles indous, thibets et nouv.
rue Coysevox-Coustou 3.
Bouvard et Lançon, pour ameublem. ornem.
d'église et articles du Levant rue Royale 33.
Bouvard, F. et Cie, taffetas et pour ornements
d'églises pl. des Capucins 3.
Boyriven frères et Cie, étoff. de soie p. voitures
rue St-Polycarpe 12 ; mais. à Paris
Bozonnet aîné, châles broch. rue des Capucins 12.
Brachet fils et Cie, façonn. or et arg. r. Coustou. 6
Breband, Salomon et Cie, unies noi es et façon.
quai St-Clair 14, rue Royale 29.
Brès, Marcelin et Cie, étoffes unies et façonn.
petite rue des Feuillants 2.
Bressac et Dalmais, étoffes unies et façonn. rue
Puits-Gaillot 19.
Breyton frères et Delesmillière, châles soie, cra-
vates, fichus, nouv. rue Romarin 27.
Briery frères, châles, bordur. galons, nouv. pl.
Croix Paquet 2.
Brisson frères, peluches-modes rue du Griffon 17.
Brosse et Cie, velours unis, rue du Griffon et pl.
Croix-Paquet 1 ; dépôt à Paris rue Neuve-St-
Eustache 33.
Brosset aîné et de Boissieu, étoffes unies, rue
Royale 23.
Brun, J., étoffes pour parapluies, ombrelles, robes
et cravates rue Terraille 18.
Brunet-Cochaud et Cie, unies et façonn. rue du
Griffon 17.
Brunot et Guyot, cravates unies et façonn. rue
St-Polycarpe 16.

Brunet-Lecomte, R., Guichard et Cie , soier.
   nouv. pl. Tholozan 24.
Buffe et Sarra-Gallet, étoff. unies et nouv. gr.-
   rue des Feuillants 5.
Burel frères façonn. p. gilets, ornem. d'églises
   et ameublem. rue St-Polycarpe 14.
Bussy , A. aîné, étoffes unies et glacées , rue
   Romarin 16.
Caffarel, F., satins unis en tous genres rue des
   Capucins 9
Caquet-Vauzelle, Naime et Côte, façonn. velours.
   nouv. p. robes gr.-rue des Feuillants 6.
Chaboud frères, étoff. p. ornem. d'églises et
   ameublem. rue Vielle-Monnaie 20.
Chaffanjon, Francon et Cie, soier. uni. et façon.
   place Croix-Paquet 11.
Chamard, Bollud et Cie, velours unis gr.-rue des
   Feuillants 2.
Champagne et Rougier, façonn. et nouv. rue
   Puits-Gaillot 33.
Champillon et Levrat, velours unis en tous genr.
   gr.rue des Feuillants 1.
Chapot-Chinard, châles brochés, nouv. rue des
   Capucins 21.
Charbin et F. Troubat, velours en tous genres
   rue Puits-Gaillot 29.
Chardiny, Bourdon et Martin, étoffes unies et
   armures place Tholozan 18.
Chardiny, Mazeirat et Jaboulay, étoff. unies et
   façonn. noir. et coul. pl. Croix-Paquet 2.
Chatelus et Mouillard, mousselines laines, thibets
   et foulards écrus pl. Neuve-des-Carmes 12.

Chavent, André, et Cie, étoff. façonn. riche pour robes rue du Théâtre 1.

Chazottier jeune et Cie, velours noirs et coul. rue Lorette-Griffon 4.

Chenevier, Roux et Duressy, crêpes unis et façon. mouch. de soie rue des Capucins 19.

Chervet et Vert, étoff. unies, façon. et armur. pl. Croix-Paquet 5.

Chuard, J.-B , nouv. art. pour l'exportation gr.- rue des Feuillants 4.

Cirlot et Frachon, foulards imprim châles, nouv. rue des Capucins 23.

Combet, A., cravates et nouv. r. St-Polycarpe 16.

Combet, Jules, taff. noirs et uni r. St-Polycarpe 14.

Condamin. Jacq., châles, bordures, foulards, rue des Capucins 31.

Cornu, G.-T., taff. p. parapl. r. des Capucins 15.

Corompt, J. et fils, manufact. de foulards à St-Julien-Molin-Molette (Loire) ; maison à Paris, et à Lyon rue des Deux Angles 15.

Courajod fils, étoffes unies et façonnées, grande rue des Feuillants 6.

Croizat, Hte et Cie, façonn. et nouv. q. de Retz 1.

Dalmais frères, étoff. uni. et façon. r. Capucins 29.

Damiron et Cie, châles cachem. et nouv. rue des Capucins 6.

Darier, S., étoff. de soies unies rue Romarin 8.

Deléchaux et Arlin jeune, étoffes unies et moirées rue St-Polycarpe 5.

Delon frères, unies et vel. gr. r. des Feuillants 4.

Delosme, J., satins pour la chapellerie rue de la Préfecture 1.

Demars et Chapuy, uni. serg. taffet. étoffes pour parapluies et ombrelles rue St-Polycarpe 8.

Deschamps, P. et Cie, soier. uni. façon. et armur. place Croix-Pâquet 9.

Desgrand, F., flor., étoff. p. rob. r. Terraille 22.

Desgranges, Vve de C , étoff. uni. r. St-Marcel 24.

Desgranges, D., manufact. de tissus or et arg. p. ornem. d'église et fabrique de gaze collé rue de l'Arbre-Sec 3.

Desmarquest, F. et Cie, étoff. pour gilets et nouv. place Croix-Pâquet 11.

Desq., P. et Cie, étoff. uni. et nouv. p. modes, rue Puits-Gaillot 23.

Desvernay et Péricaud, façon. et nouv. r. Puits-Gaillot 33.

Devienne et Dornon, gazes p. bluterie et étamin. p. rabats de prêtres, r. Clermont 3.

Dolbeau, L., Martin et Cie, façon. ombrelles, robes, modes nouv. rue des Capucins 22.

Donat, J. et Cie, peluches pour chapeaux, place Louis-le-Grand 15 ; fabr. à l'Arbresle.

Donat, A. et Cie, étoffes, gilets, robes, crav. nouv. place Croix-Pâquet 3.

Donzel frères, étoff. uni. moir. armur. rue des Capucins 18.

Dorey, J. et Mollard, foul. crav. uni. et façon. r. Vieille-Monnaie 30, des Capucins 27.

Drogue, Saunier et Binoux, vel. unis noir et coul. place Croix-Pâquet 1.

Dubois jeune, foul. impr. et cravates place Croix-Pâquet 4.

Dubourg et Cie, étoff. uni. r. des Deux Angles 13.

Duboys. J., vel. nouv. p. gilets r. des Capucins 20.

Dubreuil, F., taffetas noirs rue Puits-Gaillot 21.

Duc, C., vel. unis noirs et coul. rue Royale 31.

Dufêtre, F. et Cie, uni. façon. vel, et sat. rue St-Polycarpe 14.

Dumaine et Aldinger, unies et à dispositions rue du Griffon 11.

Dumas, J -C., unies noires rue des Capucins 26.

Dumont et Bouvier, unies et nouveautés, rues Puits-Gaillot 27 et du Griffon 14.

Dumont, André, soieries unies, armures r. Puits-Gaillot 2.

Dupéray. Filhol et Cie, châles, cravates, foulards, rue (*Sirène*) Clermont 32.

Duplan, D., étoffes pour ameublem. broch. soie, or et arg. rue des Capucins 19.

Duplomb, dame, étoffes pour parapluies, ombrel. et taffetas noir rue Vieille-Monnaie 15.

Dupont fils et Barrelon. draps de soie, satins pour gilets et velours unis rue des Deux Angles 17.

Durand frères. crêpes, gazes, foulards et nouveautés grande rue des Feuillants 1 et 3.

Durieux, Vve, (*à métiers*) étoffes pour parapluies rue Grolée 27.

Dussus fils, velours unis rue Coysevox-Coustou 1.

Edant et Godemard, façonnés r. des Capucins 19.

Faidides, Mich., étoffes unies, pl. Croix-Paquet 8.

Farge, P., châles impr. rue des Capucins 16.

Favre, Mlin, vel. unis noirs et coul. rue St-Polycarpe 8.

Favrot frères, robes, châl. soie, ombrel. foul. fich. impr. crav. uni. et façonn. r. des Capucins 31.

Fayeton fils et Morin, étoffes pour meubles, le Levant et ornements d'église rue Désirée 14.

Ferteau jeune, étoff. pour ornem. d'église, rue Ste-Catherine 18.

Flandrin, A,, unies et armures rue du Griffon 10.

Font et Chambeyron, velours noirs et coul. place Tholozan 25.

Fontaine, F., velours façon. nouv. r. Capucins 18.

Foret, J., taffetas noirs et serges, r. Romarin 17.

Fornas et Cie, velours unis noir et coul. r. Puits-Gaillot 29.

Fortoul, P. et Cie noir. et cravates en tous genres impasse Lorette 11.

Fournier. E., étoff broch. p. meubl. et ornements d'églises rue Désirée 6.

Françon aîné, étoff. soie p. voit. r des Capucins 6.

Furnion, père et fils aîné, étoffes pour gilets nouveautés rue du Griffon 10.

Gaillard, Jh. et Cie, peluches et soieries nouveauveautés quai St-Clair 13 et rue Royale 27.

Galle, Aimé et Cie, étoffes unies, armures et nouveautés rue des Capucins 18.

Gandollière et Jurien, châl. cachem. foul. thibets moussel. laine impr r. des Capucins 15.

Garcin et Derognat, étoffes pour gilets et galons place Tholozan 21.

Garnier, Carrabin et Cie, vel. unis en tous genr. rue Puits-Gaillot 17.

Gautier fils aîné, châl. soie, nouv. crav. mouch. rue des Capucins 29.

Gellin, Ch., châl. cach. étoffes p. gilets nouveautés rue Coysevox Coustou 3.

Genevrier et Canonville, uni. et nouv. place Tholozan 24.

Geoffray et Chanel, châles cachem. broch. place
Croix-Paquet 11 ; maison à Paris.

Géry, Camille, et Cie, pour ornements d'églises et
ameublements place des Carmes 2.

Gindre, L. et Cie, sat. taffet. unis et nouv. r. des
Capucins 25.

Girard, C. et Cie, unies et façonn. rue Lafont 20.

Girard neveu, Poizat. Sève et Cie, velours unis
toutes nuances place Tholozan 19.

Girard jeune et Martin, taffetas, florences, lus-
trines et gros de Naples rue St-Polycarpe 10.

Girard et Gautier, vel. unis *toute nuance*, place
Tholozan 27.

Giraud, A. et Berger, étoffes unies noir. et coul.
cravates place Croix-Paquet 5.

Giraud frères, étoff. uni. et moir. r. d. Capucins 26.

Giraud, A. et Cie, unies, noires et nouv. rue du
Griffon 12.

Girerd, Jh, étoffes uni. et crav. noires petite rue
des Feuillants 6.

Girodon, A, étoff. noir. moir. en tous genres et
nouveautés quai de Retz 3.

Godemard, Meynier et Delacroix, façonnés et
nouveautés petite rue des Feuillants 9.

Gondre et Cie, velours étoff. unies et nouv. place
Tholozan 18.

Gonelle jeune, étoffes unies, velours, *maison en
liquidation*, rue des Capucins 20.

Gonnard, P., étoffes, parapluies, ombrelles, robes
unies et façonnées rue St-Polycarpe 16.

Gonnet, Eug. et Cie, foul. impr. rue Romarin 11.

Gonon, C. et Cie, taffet. unis et coul. pl. Croix-
Paquet 3.

Gontier, Aug., velours unis, noir et coul. r. des
Deux-Angles 19.

Gorski, Jh. et Cie. fabric. de foulards imprimés,
rues Puits-Gaillot 1 et Romarin 27, 33.

Gourd et Pelet. châles soie, cravates et fichus rue
du Griffon 10.

Grand frères, étoff. p. ameublem et ornem. d'é-
glises quai de Retz 4

Grataloup, J. et Cie, soier. unies et velours rue
Lorette-Griffon 3.

Grillet aîné et Pin, châles. nouv. place Croix-Paquet 11; magasin de détail quai St-Antoine 20;
maison à Paris.

Gromier, Tardy et Cie, étoff. façonn. nouv. rue
Désirée 16.

Guillermin et Cabaud, étoffes pour ornem. d'églises et ameublements rue du Théâtre 1.

Guillin, A., châles brochés, rues des Capucins 22,
Coustou 5.

Guillon frères, cravates, taffetas, lustr. noirs, rue
Terraille 18.

Guinet, A. et Cie, unies noires et crav. en tous
genres rue des Capucins 26.

Guinet, Jh., unies rues Vieille-Monnaie 30, des
Capucins 27.

Guise et Rollet, vel. unis, gilets, nouv. étoffes uni.
noir et couleurs rue des Capucins 16.

Guitard, A., velours noir. et coul. r. Romarin 21.

Gustelle, Jules, galons, velours uni. r. Griffon 11.

Guy, aîné, étoffes unies place du Concert 4.

Heckel, L. et Cie, satins unis *supér.* et nouv. pl.
Tholozan 18.

Hess, G. frères, tissus pour gilets en tous genres
rue des Capucins 29 ; mais. centrale à Paris, r.
de la Vrillière 6.

Jandin, C. et A. Duval, foul. fich. robes nouv. tis.
impr. q. St-Clair 11 rue Royale 21.

Janin et Falsan, velours unis noir. et coul. rue
Puits-Gaillot 2.

Jarrin, L., châl. br. laine et cach. r. Capucins 29.

Jarrosson et Gonin, peluch. rue des Capucins 13 ;
maison à Paris rue Rambuteau 17.

Jourdan, Verchère et Cie, foulards et soieries
unies rue des Capucins 22.

Kuister-Margaron, satins unis et façonnés pour
la chapellerie, florence, gaze, rue Pizay 23.

Lablanche et Fortunato, étoffes soie moir. et
armures rue Coysevox-Coustou 1.

Lacombe et Laguaitte, étoffes unies moir. articl.
de modes place Tholozan 27.

Lacour et Fabry, succes. de Nanot et Cie, peluch.
de Sarguemines ; dépôt tenu par A. Bertrand
quai de Retz 9.

Lacroix-Martin, J , étoffes unies et à disposition
rue Désirée 16.

Lafont et Cie, soieries nouv. arm. modes, robes
velours épinglé grande rue des Feuillants 8.

Lagarde, Hubaut et Cie, taffet. étoff. p. parapl. et
ombrelles rue St-Polycarpe 10.

Lagier, A. et Clergeon, taffetas unis et armures
rue St-Polycarpe 10.

Lapeyre neveu et Dolbeau, étoffes façonn. nouv. et unies rue du Griffon 3.

Laplace, P., étoffes pour parap. et ombr. rue St-Polycarpe 12.

Larrivé et Cie, unies arm. et nouv. petite rue des Feuillants 6.

Le Mire père et fils, étoffes pour le Levant, ornements d'église, ameublem. et châles de soie gr. rue des Feuillants 1.

Liénard et Grataloup, crêpes pl. Fromagerie 4.

Maffei et Bouvier, foul. façon. et impr. châles et nouv. rue Rozier-St-Polycarpe 3.

Magnillat, J., taffet. p. parapl. et ombrelles rue des Capucins 31.

Maire, P., étoffes unies et façon. r. Romarin 16.

Maison, C. et G. Chevallier, étoff. broch. or pour meubles et ornem. pet. rue des Feuillants 4.

Mantelier, P. et Cie, châles indous, cachem. et nouv. place Croix-Paquet 1.

Maron, veuve et fils, mouch. foul. et thib. impr. rue des Capucins 22.

Martel, C., peluch. p. chapellerie; dépôt de tissus de Paris place Croix-Paquet 1.

Martel, Geoffray et Valansot, cravates et nouv. place Croix-Paquet 11.

Martin et Lamy, étoff. façon. nouv r. Romarin 1.

Martin et Dolbeau, châles soie, étoffes et nouveautés rue Coustou 6.

Martin, P., étoffes pour parapluies et ombrelles rue St-Polycarpe 5.

Martin, J.-B. et P. et Casimir, peluch. noires q. de Retz 3.

Mathevon et Bouvard, étoffes pour ornem. d'église-
ameublem. robes et nouv place Tholozan 26.

Maurier, P. Eymard et Cie, velours, étoffes de
soie unies et façonnées place Tholozan 19.

Mauvernay et Cie, étoffes-parapl. ruban. taffetas
noirs arm. et disposit. place Tholozan 21.

Mazel, A. et Cie, florences rue du Griffon 17.

Méquillet, Noblot et Cie, foulards quai de Retz 1.

Mercier, Vuillemot et Neyret, étoffes pour gilets
nouveautés rue Romarin 1.

Merle frères et Lenoir, satin. et armur. rue des
Capncins 18.

Meurer, Ch., foul. impr. place Tholozan 18.

Michard, Girel et Cie, crêpes de Chine, châles soie
nouveautés rue des Capucins 23.

Michel frères, étoffes unies noires et armur. place
Tholozan 18.

Michel frères et Meynier, foulards nouv. pl. Tholozan 21.

Millet, Lyon et Cie, étoffes unies façonnées pour
robes et meubles rue des Capucins 22.

Milliet, Carron et Cie, velour unis noir. coul.
taffetas, crav. armur. rue des Capucins 25.

Million, J.-P. et Cie, unies, velour. et armur. q.
St-Clair 12.

Millioz, J. et Cie, châles soie, fichus, cravates et
nouveautés place Croix Paquet 5.

Misset, L., satin p. chapellerie r. Palais-Grillet 12.

Mollard et Michoud, étoff. uni. pl. Croix-Paquet 11.

Molleron, Aug., taffetas noirs r. St-Polycarpe 18.

Mollière, C., velours, étoffes unies, popelines nouveautés grande rue des Feuillants 3

Mollot, Ls. et Cie, étoffes unies et cravates noires
rue des Capucins 25.

Monestier jeune, marcelines, florences d'Avignon
articles de Nîmes rue St-Polycarpe 9.

Monet père et fils aîné, taffetas noirs, cravates
nouveautés rue des Capucins 15.

Monnet et Magnin, fichus, cravates et nouveautés
place Croix-Paquet 5.

Montessuy, A. et A. Chomer, crêpes et nouveautés rue Puits-Gaillot 25.

Morand, Porte et Cie, étoffes pour robes et nouveautés rue des Capucins 26.

Moras et Cie. étoffes broch. soie et dorure en tous
genres pour église et ameublements, tissus ri-
ches pour le Levant rue Lafont 28.

Moreau, J., foul. et thib. impr. r. Capucins 14.

Morel, J.-B et Cie, étoffes pour gilets, foulards
soie damassés et crav. place Croix-Paquet 11.

Morel-Patel, veuve fils, unis et taffetas noirs
rue Pizay 21 et place de la Comédie 18.

Moreteau, V. et Cie, soieries façonnées, foulards
en tous genres rue des Capucins 12.

Morier J.-B. et Cie, velour. r. Puits-Gaillot 27.

Mousset, Ls. velours et étoffes pour gilets, petite
rue des Feuillants 5.

Muzy et Galtier, velour. et armur. rue des Deux
Angles 13.

Naville, Jean, châles brochés r. des Capucins 29.

Nicolas, Fayolle et Cie, soier. unies, façon. et velours, petite rue des Feuillants 6.

Neyret et Goumand, velours unis et pour gilets,
rue Coustou 4.

Nouveau et Carrayron, étoffes pour orn. d'église
rue Ste-Catherine 7.
Nouvellet frères, unies et nouv. popelines et ve-
lours rue Puits-Gaillot 4.
Paivet, P., taffetas, moires antiques, velours, po-
pelines nouv. pl. Croix-Paquet 11.
Pansut, L., étoff. broch. pour ornem. d'églises
et meubles rue Coysevox-Coustou 1.
Pascal et Tabard, velours et étoffes unis pl. Croix-
Paquet 5.
Pascal, J. et Cie taffetas, satins, cravates noires
rue du Griffon 8.
Pater et Cie, étoff. p gilets et crav. r.du Griffon 11.
Patricot, R. et Cie, cravates façonn. nouv. rue
St-Polycarpe 14.
Peillon, G. fils et Cie, chât. broch. r. du Griffon 8.
Perrachon, F., crêpes rue des Capucins 14.
Perrat et Dubanchet, unies noires. armures, gilets
et cravates rue St-Polycarpe 8.
Perret, Bigot et Cie, foulards, crêpes de Chine et
châles de soie petite-rue des Feuillants 5.
Perret, Paque et Macors, art. nouv. pour gilets
rue du Griffon 13.
Perrin et Péalat, étoffes unies, façonn. crêpes,
gazes, nouv. pl. Tholozan 25.
Perriollat, Th., uni. et crav. noir. r. du Griffon 15.
Perrod et Place, étoff. noir. uni. pl. Tholozan 27.
Petit frères, foulards, crav. et nouv. q. de Retz 8.
Philipon, J. et Cie, peluches et nouv. rues du
Griffon 10, Terraille 15.
Piaget, E. et H. Roux, soier. unies et nouv. place
Croix-Paquet 11.

Polaillon jeune et Humblot, unies, façonn. gilets
  et cravates rue Pizay 21.
Potton, Laboré, Rodier et Cie, façonn. nouv. rue
  du Garet 5 et 9.
Pinoncely, Marc. et Cie, unies, façonn pour gilets,
  robes et nouv. rue des Capucins 18.
Pitiot, Charl. et Cie, velours uni. r. Capucins 20.
Pollard et Marinier, uni. et armur. r. Capucins 20.
Poncet, Vermorel et Cie, velours, étoff. unies et
  armures rue du Griffon 9.
Ponson, C., taffetas riche, taffetas noir, robes à
  dispos. gr. nouv. et velours unis, rue des Deux-
  Angles 21.
Poujoulat, F. et Cie. unies noires et coul rue des
  Capucins 20.
Poudret et Cie, satins p. la chapellerie r. Confort 4.
Pradel, B. aîné, foulards imprimés et façonn. rue
  Romarin 8.
Pradère, B., foulards imprim. pl du Pont 2, Guill.
Pramondon et Cie, tentures, rideaux, ameublem.
  spécial. d'étoff. en bourre de soie q. St-Clair 5.
Pravaz, Jh, anc. mais Gamot, crêpes et gazes, rue
  St-Polycarpe 16.
Purpan et Cie, étoffes p. gilets et cravates rue du
  Griffon 7.
Quillion, Jh, châles laine, grenadine et soie da-
  massés, nouv. rue des Capucins 29.
Raillard, A., satins et gazes p. chap. r. Capucins 16.
Rave, Ant aîné, taffet. p. parapluies et ombrelles,
  lustrine et floren. rue Lorette-Griffon 2.
Ray jeune et Cie, fabr. manufact. de foulards pl.
  Croix-Paquet 2.

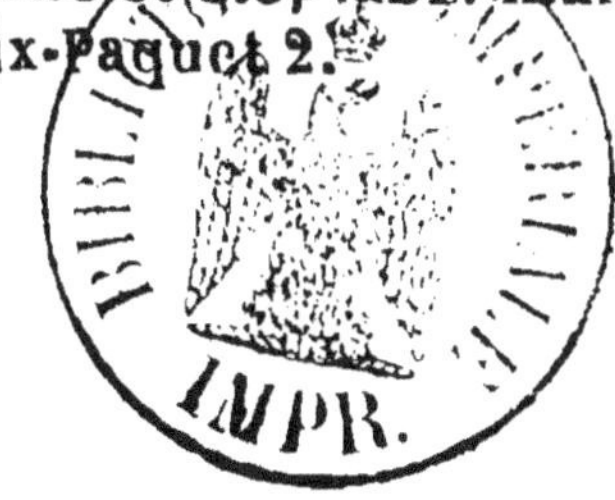

Razuret fils aîné, étoffes broch. et pour gilets pl. Croix-Paquet 5.

Rebeyre, Sabin, châles et nouveautés rue Vieille-Monnaie 43.

Regné et Patin, p. parapluies et ombrelles rue Romarin 14.

Renard frères et Cie, peluches de Sarguemine, quai St-Clair 12 ; maison à Paris.

Renaudin et Cie, étoffes pour parapluies et ombrelles rue St-Polycarpe 10.

Répiquet et Silvent, velours façon. nouv. p. gilets, rubans passement. place Croix-Paquet 2.

Rerolle, G. et Cie, foullards en tous genres, place Croix-Paquet 11.

Reverdy frères, velours, taffetas pour parapluies serges, cravates, nouv. place Croix Paquet 3.

Reynier cousins et Drevet. soier. rubans, fichus châles soie, nouveautés rue du Griffon 12.

Reyre, Aug. et Favre, châles soie, fichus, cravates nouveautés rue Romarin 3.

Ribolet et Mongrenier. étoffes façonnées nouv. fabrique de boutons en soie rue de Thou 1.

Riboud, Jul. fils et Cie, crêpes, soieries unies noires, rue Lafont 20.

Riboud frères, velours noir coul. et rub. place des Capucins 3.

Ricard, Ch. et Cie, étoffes façonnées pour gilets, galons, petite rue des Feuillants 9.

Richard, Raffin et Cie, unies, moire, peluches, nouveautés rue Royale 31.

Richerot et Tournier, velours, nouveautés pour gilets place Croix Paquet 5.

Ritton et Sornin, velours unis noir et couleurs rue Royale 20.

Rivière, J.-L., velours unis noir et coul. rue Romarin 9.

Robas, E., Galland et Cie, foulards en tous genr. nouveautés rue Désirée 14.

Roche et Buttner, étoffes pour robes, cravates et nouveautés rue du Griffon 8.

Roche et Dime, châles soie et rob. façon. rue du Griffon 3.

Roche, A. et Cie, velours unis place Croix-Paquet 4.

Roche, Jules, unies et façonnées rue Royale 33.

Roset, A.. soieries unies rue des Capucins 22.

Rougier et Auray, étoffes unies et façonnées, peluches et nouveautés rue du Griffon 8.

Roussel, Ls, velours et étoffes unies rue des Capucins 9.

Roux, L. et V., frères, florences et nouveaut. rue Puits-Gaillot 27.

Roux et Jacob frères, foulards imprimés rue des Deux Angles 19.

Roybet et Naquin, façonnés, châles de soie, écharpes et fichus petite rue des Feuillants 9.

Royet, H., unies. petite rue des Feuillants 3.

Ruby et Cie, foulards, gr. rue des Feuillants 4.

Rulliat, J., velours et taffetas pour meubles, rue Coisevox-Coustou 1.

Sabran, L. et Cie, de Nîmes ; représenté par B. Ferrand, rue du Griffon 8.

Sachet, J. et Bon, gilets, cravates, armures, art. façonnés, nouveautés, rue des Capucins 20.

Salomon, Jh., gaze or et argent pour fleurs, rue Pizay 5.

Sandoz, Ulysse, et Cie, châl. laine imprimés de leur manuf. ; magasin de vente port St-Clair 20.

Sandrin, F·, étoffes unies, rue des Capucins 21.

Sanial, Noël, manufact. de foul. imprimés, au Chaylard (Ardèche), Lyon, rue Donnée 2.

Sanières aîné, velours p. gilets et cravat. rue du Griffon 3.

Sauvage, R, et Cie, étoffes unies, moir. armure et nouveautés, quai et port St-Clair 17 et 18.

Savoie, Ravier et Chanu, velours, soieries unies et façonnées, place Tholozan 22.

Schulz frères et Beraud façonnés, châles soie, nouveautés, rue du Griffon 10.

Servant. Devienne et Cie, étoffes pour gilets, rue des Capucins 23.

Sevène, Barral et Cie. unies, noires, satins, armures, cols, gilets et robes, rue Romarin 1.

Seux-Mathevon, velours, moires, taffet pour églises et ameublements, rue Ste-Catherine 13.

Silo cousins et Cie, étoffes façonnées, imprimées et broderies, place Tholozan 19.

Soiderquelk, F,-O., étoffes soie-dorure et broderies pour ornem. d'églises, rue Constantine 1.

Solar et Floret, étoffes pour gilets, nouveautés, rue Coisevox-Coustou 2.

Solichon, Aug., étoffes pour ornements d'églises et ameublements, rue Romarin 17.

Sorlin et Cie, étoffes noires, rue du Griffon 9.

Stoll, J.-B, fabric. de foulards imprimés, rue Bât-d'Argent 27.

Suchard, J -F , étoffes pour parapluies et cravates, rue St-Polycarpe 10.

Tabard, G.-F. et Cie, étoffes unies et cravates en
tous genres, rue St-Polycarpe 12.

Teillard, C.-M., uni et nouv. rue Royale 29 et 31.

Thevenet, Raffin et Roux, façonnés et nouveautés, rue Romarin 3.

Thevenet, E. et Perraud, unies et façonnées, rue
Puits-Gaillot 27.

Thevenet-Monet, A., cravates et étoffes noires,
rue Romarin 14.

Thimonier, A. étoffes pour parapluies, robes et
cravates,grand' Côte 100.

Tholozan et Cie, étoff façon. p. rob. r. Griffon 5.

Thomas frères, étoff. uni, marcel. gros de Naples,
satin d'Avignon et de Lyon,r. Lorette-Griffon 1.

Thomasset, J., velours unis pour gilets, r. Puits-
Gaillot 15.

Thouverey, Er. et A. Cocat, soieries façonnées,
nouveautés, grande rue des Feuillants 6.

Tibaud, Ch. et Monnet jeune, foul. popel, gros de
Naples et nouv. pour robes, rue du Griffon 10.

Trapadoux, A , Rodier et Cie, soier. foul. impr.
nouv. rues du Griffon 17, Puits-Gaillot 29.

Tresca, J.-E. et Cie, fichus, cravates, nouveautés,
quai St-Clair 14 et rue Royale 29.

Trocon, Achil., châles soie, cravates, robes et
nouveautés, rue des Capucins 31.

Trouvé, Paule et Coudurier, étoffes unies, modes,
nouveautés, place Croix-Paquet 11.

Valansot, F., aîné étoffes façonnées, unies, velours,
place Tholozan 21.

Valansot, M., taffetas noir étoffes modes et velours noir, rue Puits-Gaillot 4.

Valantin, fils aîné, étoffes de soie-dorure, nouv. rue Constantine 1.

Vanel, Louis, étoffes pour ornements d'églises et ameublements, rue St-Polycarpe 10.

Vermorel et Magnillat, taffetas p. parapluies, **rue** Désirée 1.

Verpillat, Irénée, soieries unies, noir, armures et moire, grande rue des Feuillants 6.

Verset et Forest, foulards imprimés et **cravates**, rue des Capucins 15.

Verzier, Horace, et Cie, façonnés, nouveautés, **rue** Lorette-Griffon 1.

Vial et Drogue, soieries unies et nouv. place Croix-Paquet 11.

Villy, A. et Cie, tissus, foulards pour impressions et teinture, rue St-Polycarpe 8.

Vincent et Meyrat, velours unis, rue Romarin 13.

Vincent et Cie, unies et armures, rue Rozier-St-Polycarpe 3.

Vivier et Cie, étoffes pour gilets, nouveautés en tous genres, place Croix-Paquet 1.

Volozan, J , fils, étoffes pour ornem. d'églises, le Levant, ombrelles, parapluies rue Vieille-Monnaie 18.

Volozan jeune, parapluies, r. Vieille-Monnaie 11.

Vulpillat, P., gaze, satins, bords et bourdaloux pour la chapellerie, rue Mulet 12.

Yéméniz, N., étoffes pour ameublements et **le** Levant, rue Royale 6.

TULLES (FABRICANTS DE).

Allard, C., façonn. pl. Croix-Paquet 2
Aribert, A., damassés, châles, voilettes et volants,
  rue Lorette-Griffon 1.
Arragon, ve, tulles et pointons en tous genres,
  rue Imbert-Colomès 25.
Aubert, A. jeune, damassés, dentelles, blondes,
  rue Puits-Gaillot 11.
Aubert, J. fils aîné, damassés, brod. r.Capucins 9.
Aubert, J.-F., tulles et rubans p. perruques, rue
  Centrale 45-3.
Baboin, Aimé, tulles de soie, nouv. r. Royale 33.
Basset et Cie, damassés, nouv. c. St-Sébastien 23.
Bellet et Guillot, damassés, brodés et nouv. rue
  Royale 20.
Bellet, V., tulles unis, rue Donnée 2.
Berliet et Cie, tul.-dent. nouv. r. du Griffon 10.
Bertet, J.-B., tulles bobins, blondes, nouv. rue
  des Capucins 12.
Berthaud, J.-F., tul. de soie, r. Vieille-Monnaie 35.
Boiron-Malleval, tulles et broder. r. Romarin 13.
Boisard fils et Cie, damassés, rue St Polycarpe 10.
Boucharlat jeune, tulles-dentelles et nouv. rue
  Rozier-St-Polycarpe 3.
Bouleau et Pethoton, tulles-dentelles, nouv. quai
  St-Clair 15.
Broche, Ph. et Matheoud, unis, façonn, nouv.
  petite-rue des Feuillants 2.
Champagne, Ant., tulles-blond. damassés, brod.
  et nouv. rue des Capucins 15.

Champailler, Alfred, tulles-dent. r. du Griffon 9 ; dépôt de la mais. Champailler fils aîné, de St-Pierre-lès-Calais.

Chaponot, P., tull. damassés, pl. Croix-Paquet 9.

Charvet, A., nouv. rues des Deux-Angles 7 et Royale 8.

Chevrier et Cie, damassés, brod. r. des Capucins 20.

Clément, Aug. et Cie, tulles-dentelles, nouv. rue des Capucins 13.

Clerc, L.A., damassés et brodés, r. du Griffon 13.

Cochet, M. et Cie, tul. soie uni pl. Croix-Paquet 8.

Dégabriel et Barthe, damassés et brodés en tous genres, rue Rozier-St-Polycarpe 3.

Déthel et Cie, dentelles mécan. tulles en tous genres, quai St-Clair 10.

Dognin fils, Isaac et Rocque frères, damassés, brod. imitation de dentelles, r. des Capucins 16 ; maison de broderies à Condrieu , et maison de vente à Paris, rue de Mulhouse 11.

Dognin fils et Isaac, dentelles, tulles, nouv. rue des Capucins 16 ; fabrique à Calais ; mais de brod. à Condrieu, et maison de vente à Paris, rue de Mulhouse 11.

Dolfus-Moussy, damassés, brod. rue Lafont 8.

Ducis frères, tulles, nouv. (*brevet d'invention*) et bobins unis. place des Capucins 3.

Dumont, F., tulles de soie en tous genres, gazes, voiles, nouv. rue Puits-Gaillot 27.

Dunand et Jeullien, tulles de soie unis, côte St-Sébastien 23.

Esprit-Rollet, damassés et brod. r. des Capucins 12.

Falcot, P., tulles de soie uni. pl. Croix Paquet 8.

Farabel père et Jangot aîné, bobins en tous genr.
rue des Capucins 16.

Garnier, L , damassés, brod. en tous genres, rue
des Capucins 22.

Geay, P., damassés en tous genres, r. du Griffon 3.

Goutanier, C., brodés rue des Deux-Angles 13.

Gubian fils, damassés, brodés et nouveautés, rue
Donnée 4 et des Capucins 23.

Idril, Lévi, tulles brod et dentelles, quai St-
Clair 13 ; rue Royale 27.

Jalla, J.et Cie,uni. et damassés, r. des Capucins 13.

Jarnieux, M , unis et façonn. r. des Capucins 26.

Lacombe, J.-P., damassés et brodés, rue des
Capucins 11.

Liénard et Grataloup, unis et façonnés, place de
la Fromagerie 4.

Manigot et Cie, nouveautés, place St-Clair 2.

Mariéton frères,tulles et gants de soie,r.Longue 19.

Meyrueis, veuve, unis, rue Royale 29.

Modelon, Jh,tulles bobins,r.St-Elisabeth 43, Brot.

Mollard-Sparvié, veuve, tulles soie, voilettes,
coiff. nouv. en tous genres, rue Romarin 29.

Musanty, Anth., damassés, nouv. rue Coustou 4.

Péju, C., tulles soie unis, rue des Capucins 19.

Prost, Vve et Cie, tulles soie unis, damassés brod.
nouv. art. p. l'exportation, r. des Capucins 13.

Raffard, E , tulles bobins, dentelles, genre Alen-
çon, etc , rue des Capucins 7 ; dépôt à Paris.

Robert cadet, noirs, damassés, brodés, rue St-
Polycarpe 16.

Robert, Jean, damassés et brodés, r. Romarin 9.

Roger, J., dentel. et tulles, r. Vieille-Monnaie 31.

Sibille père et fils, tulles unis et façonnés, petite-rue des Feuillants 5.
Touchebeuf, A., tulles de Lyon et blondes, quai de Retz 9.
Vallard et Cie, damassés, rue du Commerce 41.
Viard frères, grenad. zéphirs, bruxelles, nouv. rue des Capucins 25.
Vidalin aîné, Vve, damassés, brodés, nouveautés, rue des Capucins 12.
Vital-Jumon, damassés et brodés, rue Rozier-St-Polycarpe 3.
Wilson et Farabel fils, bruxelles, malines, rue Romarin 3.

DÉGRAISSEURS POUR LA FABRIQUE.

Augier, dame, rue Désirée 21.
Bessenay, Fr., côte St-Sébastien 22.
Dupuis, Euph., rue du Griffon 7.
Durochat, J.-F., rue Lorette-Griffon 2.
Fesneau, Mag., rue du Griffon 7.
Maltère, Ignace, rue Terraille 9.
Maréchal, demoiselle, rue du Griffon 8.
Peyot, Jean, rue de Thou 4.
Poizat, J., place Croix-Paquet 2.

EPINGLIERS POUR LA JACQUARD.

Bruyère et Cie, rue Vieille-Monnaie 16.
Christin, Nicolas, rue Imbert-Colomès 18.
Durand, Ant., quai de Bondy 72-8.
Fournier, Claude, rue du Mail 29 ; Croix-Rousse.

Lespinasse, André, rue Célu 7 ; Croix-Rousse.
Mailland, J.-M., rue Pouteau 11.
Monarque, Benoît, Grande Côte 44.
Tabouriet, Joseph, petite rue de Cuire 4.
Vaginey, Charl. Grande-Côte 21.

FERS POUR VELOURS (FABRICANTS DE).

Billion, Benoît, Grande Côte 61.
Blateyron, Camille, rue du Commerce 19.
Bouvier, Pierre, rue des Chartreux 19.
Grandjean, Victor, r. des Tables-Claudiennes 25.
Riche, Louis, rue des Fossés-d'Austerlitz 10.
Saint-Paul cadet, rue Casati-Pouteau 20.

MÉCANICIENS POUR LA FABRIQUE DES TISSUS, ETC.

Allard, Joseph, mécan. *à devider*, rue Imbert-Colomès 26.
Alibert, J.-P., mécan. *à devider*, r. du Commerce 4.
Arnal, Aug., mécan. *Jacquard* r. Ste-Blandine 11.
Arnaud, J.-A., mécan. *Jacquard*, place des Petits-Pères rue des Tables-Claudiennes 10-12.
Bourdot, George, mécan, *Jacquard*, r. Flesselle 12.
Boyer, Jacq., mécan. *Jacquard*, rue du Mail 26.
Bret, Franç., mécan. *à devider, à défiler, à dérouler et cannetières*, grande place 26 ; Croix-Rousse.
Brochier, J.-J.; mécan. *à devider rond. pour essais de soies et Jacquard*, rue Neyret 4.
Camarège, dit Perrigord, mécan *pour moulinage*, rue d'Orléans-Cuvier 37.

Chabrier, J.-L., mécan. *Jacquard*, r. Tholozan 11.

Chevallier, J.-B , méc. *à devider*. rue Chappet.

Cochet, François, mécan. *à devider et Jacquard*, rue Bodin 9, entrée rue Grognard.

Combet, Maxime, mécan. *à devider*, pass. Mermet.

Delègue, C.-J., mécan *à cannettes et à devider*, rue Pouteau 12.

Depingon et Allard, mécan. *rond. et à devider*, rue Neyret 16.

Despineto, Ch.-Jos., mécan. *Jacquard*, rue de Sève 6.

Duchamp, P., mécan. *Jacquard, à devider et cannetières*. rue du Commerce 17.

Durand, Thom., mécan *Jacquard*, r. Dumond 7.

Durand, Jul., mécan. *à devider et cannetières*, rue du Chapeau rouge-Saint-Vincent-de-Paul 5-7.

Durochat, G., fabric. de *régulateurs*, rue des Tables-Claudiennes 23.

Dussillon, Aug., mécan. *Jacquard*, r. Pailleron 23.

Fion, Vict., mécan. *pour essais, moulinage, Jacquard et mach. à rouler les tissus*, pl. du Perron 1.

Forestier, Franç., mécan. *à devider*, côte Saint-Sébastien 5.

Fournier, Jean, mécan. *à devider*, impasse de la rue Vieille-Monnaie.

Gandit cadet, mécan. *à devider*, pass. Thiaffait 2.

Ganty, Rodolph., mécan *Jacquard*, rue du Mail, à côté 18.

Gascuel, J.-J., mécan. *pour apprêt et engrenage*, rue des Tables-Claudiennes 35.

Girard fils et Cie, mécan. *pour guimpiers*, rue Palais-Grillet 14.

Girod, Pre, mécan. *Jacquard, devidag. et cannetag.* rue Vaucanson 2.

Guerin, Louis, mécan. *ronde et tourn.* r. Imbert-Colomès 16.

Guicherd, Benoit, mécan. *rond. long. cannet. à défiler et à dérouler.* place St-Clair 4.

Jaillet jeune, mécan. *Jacquard,* rue Caponi 1.

Lhéritier, A., mécan. *à devider,* rue Chappet.

Loubet, Barthél., mécan. *rond. long. et cannetièr.* rue Imbert-Colomès 16.

Marat, J.-B., mécanique *Jacquard*, cours des Tapis 2.

Mariton, François, mécan. *Jacquard*, rue du Commerce 1.

Michel, Jacq., mécan. *Jacquard,* rue Dumond 10.

Minvieille. César, mécan. *â devider et cannet.* rue Casati-Pouteau 17.

Nayme, J.-B., mécan. *rond. devidag. et cannetières,* rue Boileau 62; Brotteaux.

Noël, Joseph, mécan. *à devider et cannetières,* rue Masson 41.

Palandre, Claude, mécan. *rubannerie,* r. Philibert Delorme 1.

Pernet, Franç., mécan. *Jacquard,* r. Dumenge 13.

Peronin, Remi, fabric. de *régulateurs,* r. Henri IV-d'Ivry 10; Croix-Rousse.

Piavoux, H.-C., mécan. *à devider,* rue Ste-Catherine-Lebrun 2; Croix-Rousse.

Pichereau, P, mécan. *Jacquard et ourdissoirs,* rue du Commerce 15.

Poncet, Silv., mécan. *pour moulinag. et filatur. des soies,* rue Vendôme 86.

Renaud, Claude, mécan. *à devider*, côte des Carmélites 28.

Reynard, Marius, mécan. *pour moulinage et devidage*, place St-Pothin 7.

Reynoard jeune, mécan. *à devider, ourdissoirs, moulinage et essais des soies*, impasse des Carmélites 7.

Richard, Bernard, mécan. *Jacquard*, Gr. Côte 51.

Rougemont, L., mécan. *à devider*, rue du Commerce 35.

Sallettes, Mathieu, mécan. *à devider*, rue Imbert-Colomès 26.

Sallier aîné, mécan. *long. à devider, cannetiè . détrancanier*. place du Perron 5.

Sallier jeune, mécan. a *devider*, r. Pouteau 1 et 15.

Triquet fils, mécan. fabric. *lisages*, rue Imbert-Colomès 17.

Vadoux, J.-F., mécan. *à devider et Jacquard*, rue Bodin 3.

Valette, P. aîné, mécan. *long. rond. détrancan. et cannet.* côte St-Sébastien 14.

Vieux, D. aîné, mécan. *à devider longues et rondes*, place du Perron 4.

Vieux, F. jeune, mécan. *à devider*, côte St-Sébastien 12.

Villard, J., mécan *Jacquard nouv. système*, rue Chapeau-Rouge-St-Vincent-de-Paul, imp. Gigodot.

Widmer, G., mécan. *Jacquard*, rue Adamoli 2.

Winter, Henri, mécan. *à devider*, rue Vieille-Monnaie 2.

Zipperlin, Camille, mécan. *Jacquard*, r. Henri-IV-d'Ivry, à côté 23 ; Croix-Rousse.

MONTEURS DE MÉTIERS.

André, Etienne, place de la Croix-Rousse 12.
André fils, gr. place 18; Croix-Rousse.
Bouvier, Ant., gr. place 12; Croix-Rousse.
Deguerry, dit Tissot, rue du Mail 9; Croix-Rous.
Gonnard, François, rue St-Vincent-de-Paul 9.
Gouge, François, rue Saint-Vincent-de Paul 39 ;
  Croix-Rousse.
Janin, Réné, place de la Visitation 1 ; Croix-Rous.
Lagrula, Jean, rue des Fossés-d'Austerlitz 21-23.
Lhermitte, Jean-François, rue de la Citadelle 2.
Louis aîné, côte St-Sébastien 11.
Reynaud, Joseph, gr. place 3 ; Croix-Rousse.

NAVETTES (Fabricants de).

Berthet, Vincent, rue des Fossés-d'Austerlitz 19.
Bertholon, Philip. rue Vieille-Monnaie 9.
Berton, François, rue Bodin 5.
Comte, Etienne, place des Bernardines 4.
Coquet, Benoit, grande Côte 45.
Couchard, Ant., pet. rue du Clos Riondel 6.
Estienne, Pierre, rue Masson 53.
Flachet, L.-J., rue Perrot, à côté 5 ; Croix-Rousse.
Gras, Marc-Narcis, rue Bodin 7.
Jamet, Elie, rue du Mail 18 ; Croix-Rousse.
Lacroix, veuve, place Kléber, à côté 5 ; Brott.
Maret, François, rue Saint-Vincent-de-Paul 5.
Martignat, veuve d'Ant., rue Madame 32.
Mercier, Ant., rue du Mail 32 ; Croix-Rousse.

Murat, Joseph, côte St-Sébastien 10.
Nivon, Pierre, rue des Capucins 17.
Orelle cadet, rue des Fossés-d'Austerlitz 11.
Orelle, Julien, montée des Carmélites, à côté 9.
Pellet, Aug., grande Côte 56
Poncet, Joseph, rue de la Citadelle 2 ; Cr.-Rousse.
Poutet, Joseph, grande Côte 45.
Relave, Jules, rue Perrot 12 ; Croix-Rousse.
Serre, J. fils, rue du Mail 38.
Tabourin, Jean-Louis, grande Côte 75.
Tabourin, Georges, rue Tholozan 13.
Vincent, L. fils, rue Ste-Elisabeth 43 ; Brotteaux.

PEIGNES A TISSER (Fabricants de).

Baile, J. fils, pour soieries et pour toiles métalli-
  ques, rue Romarin 17,
Bigé, Jean, rue Romarin 10.
Boissier, Claude, place Croix-Paquet 1.
Braisaz et Cie, achète, vend et échange les vieux,
  rue Vieille-Monnaie 25-27.
Bugnet, Honoré, rue des Capucins 2.
Chabert, E , place Croix-Paquet, sur la terrasse.
Chatelard et Perrin, success. Durand et Bal, rue
  St-Polycarpe 16.
Chautin, J,-B , rue Vieille-Monnaie 8.
Coint-Bavarot frères, rues des Capucins 22 et
  Coustou 5.
Dubois et Cie, grande Côte 118.
Dufresne, J.-P., rue du Commerce 12.
Goudard, J., place Croix-Paquet 11.
Gras, P., gr. place de la Croix-Rousse 19.

Henry, Claude, côte St-Sébastien 10.
Mardienne, F., *breveté* pour un système régula-
  teur, rue des Capucins 12.
Paréa, Ant., côte St-Sébastien 22.
Perret, veuve, rue des Capucins 16.
Pichon, E., place Croix-Paquet 11.
Planeur et Ménin. rue des Capucins 22.
Plassard père et Cie, rue Dumont 20; Cr.-Rousse.
Plassard fils jeune, grande Côte 38.
Pouzet fils, rue Coysevox-Coustou 1.
Raguenet fils aîné, rue du Griffon 3.
Richard, Ant , rue des Capucins 21.
Richard, André, r. St Vincent-de-Paul, à côté 15.
Rivoire, D., côte St-Sébastien 18.
Roux et Cie, grande Côte 116.
Simond, J.-P., rue Dumenge 6; Croix-Rousse.
Souton et Guiguoz, rue des Capucins 13.
Vion, C., place des Capucins 5.

PLIEURS DE CHAINE POUR LA FABRIQUE.

Achard, veuve, rue Tholozan 8.
Amiet, Alex.-Jean, place de la Visitation 2.
Andrivet, Charles, rue St-Georges 63.
Aynès, Jean-Louis, rue des Anges 1; *St-Irénée*.
Balland fils, rue Bossuet 25; Brot.
Barbier, Michel, rue Chaumais, mais. Bergeret.
Barquet, Martial, tous genr. par *fils, impr. chiné*,
  montée du Gourguillon 46.
Barraud, Joseph. rue Basse-Verchère 8.
Bavoux, Jean-Pierre, plieur et tiss., r. du Mail 32.
Bellond, Victor, place Colbert 9.

Berger, Pierre, montée St-Barthélemy 23.

Berthet, Ant., cours d'Herbouville 34 ; Cr.-Rouss.

Billet , Guillaume, rue Jacquard 14 ; Cr.-Rousse.

Blanc, Gabriel, plieur et tisseur, rue St-Vincent-de Paul 5 ; Croix-Rousse.

Bonnerue, Jean-Baptiste, plieur et tisseur, rue du Mail 16.

Bonnet, M., rue St-Vincent-de-Paul 21 ; Croix-Rousse.

Bonnet, J -B.-A., rue Boutcille 15.

Bouchardy, Etienne, plieur et tisseur, quai de Pierre-Scize 23-81.

Bourgeat, Pierre, place St-Georges 3.

Bouvatier, Jean, plieur et tisseur, rue Moncey 9.

Bouvier, Jean, rue de Sèze 35.

Brunet , Phil., *chinés*, *impr.* etc. par un procédé spécial, *égalisateur parfait*, rue Dumenge 15.

Buffard , Mathieu, plie les poils par fil et remonde, rue Magneval 14.

Buffard, dame, cours Projeté 4 ; Croix-Rousse.

Cagnon, Etienne, place Rouville 3.

Camus, Jérôme, rue de Condé-Bugeaud 82; Brot.

Carquillat, Pierre, rue Richan 24.

Cars, Jean-Baptiste, rue des Gloriettes 8.

Curty, Benoit, plieur et tisseur, r. de Provence-Marseille 17.

Cattin, J.-Bte, rue Charlemagne 56; Brotteaux.

Cattin, Jean-Louis, rue St-Georges 46.

Chaboud , J.-M.. rue Saint-Pierre-de la tour du Pin 3 ; Croix-Rousse

Chalon, Claude. rue Dumont 16 ; Croix-Rousse.

Charlant, Louis, cours Vitton 17.

Charlet, Jérôme, plieur et tiss., r. du Marché 5;
St-Just.
Charmette, Félix, rue St-Pierre-de-Vaise 3.
Chassot, Louis, pet. rue des Feuillants 3.
Chavent, J.-L.-A., *chinés et imprim.* gr. place 6;
Croix-Rousse.
Chavent, Philip.-Ant., r. Dumont 10; Cr.-Rouss.
Choisy, Barthél., rue Laurencin 29.
Cogniet, veuve, rue Octavio-Mey-montée des
Carmes déchaussés 5.
Coiffier, J.-B., plieur et tisseur, pl. Napoléon 9;
Perrache.
Coste, Maurice, côte St-Sébastien 11.
Cuzin, Pierre, q. Puits-de-Sel-Pierre-Scize 18-76.
Damian, Jn-Bte, rue Pailleron 7.
Decombe, Philibert, clos Bissardon, montée de
la Boucle.
Defanis, Ls-Marie, rue de la Citadelle 1.
Demissillieux, Louis, rue Juiverie 1.
Depassio, Dlle, rue Dumenge 13.
Dequaire, veuve et fils, r. Fossés-d'Austerlitz 16.
Deschamps, Louis, rue Neyret 19.
Dusserre, A.-P., rue Imbert-Colomès 13.
Espassieux, Franç., plieur et tisseur, r. Octavio-
Mey-montée des Carmes déchaussés 10.
Esprit, Guill., plieur et tisseur, rue Masséna 25.
Falquet, P.-A., *chaines soierie*, imp St-Clair 6.
Falquet, P.-M., *chaine tulle*, rue Bodin 12.
Favre, Jac., chinés, gr. place 4; Croix-Rousse.
Ferrand, veuve, pet. rue de Cuire 2; Cr.-Rousse.
Ferrier, Etienne, plieur et tisseur, rue Perrot 4.
Garcin, dame, rue Port-Charlet-Ferrandière 36.

Garçon, Frédéric, rue du Mail 25.

Garçon, Pierre, rue des Fossés-d'Austerlitz 21.

Garnier, Pierre, r. des Fossés-d'Austerlitz 21-23.

Gayet, Louis, *tulles*, rue Perrot 13 ; Croix-Rousse.

Genod, Anthelme, plieur et tisseur, rue Sainte-Elisabeth 47.

Ginod, Jean-Baptiste, plieur et tisseur, montée St-Barthélemy 9.

Giraudier, Jean-Claude, rue de Noailles 17 ; *St-Paul.*

Giroud, J.-A., *chaines tulles*, r. Vieille Monnaie 15.

Grange, Jean-Etienne, plieur et tisseur, rue Adamoly 2.

Gras, Gabr., plieur et tisseur, rue Laurencin 27.

Gros, Barthélemy, grande Côte 41.

Guillot, Pierre, avenue de Saxe 96.

Guy, Jean-Marie, cours d'Herbouville 32 ; Cr.-R.

Henry, Jean, plieur et tisseur, cours d'Herbouville 28 ; Croix-Rousse.

Jacob Einhorn, plieur et tisseur, pl. Dumas 9 ; Vaise.

Jobant, M., plieur et tisseur, rue des Farges 67.

Laposse, A., success. de Robier, rue Masson 39.

Lardet et Jacquet, rue de la Terrasse 1 ; Cr.-R.

Lassara, Joseph, cours des Tapis 1.

Lassauzay, Ant., clos Flandrin, sans numéro.

Laurent, veuve, rue Bourgchanin 20.

Lehodey, Ant., rue de la Visitation 5 ; Cr.-Rouss.

Lehodey, Fleury, perron-Maurice 5.

Lorin, Claude, rue de la Citadelle 3.

Marin, Dominique, plieur et tisseur, rue Sainte-Elisabeth 53.

Marminon, veuve, rue Moncey 9.
Martin et Garçon, rue Henri IV-Bearn 31 ; Cr.-R.
Martin, Jean-Marie, r. des Fossés-d'Austerlitz 10.
Mazuy, Pre, q. Puits-de-Sel-Pierre-Scize 16-74.
Mercier, L , en tous genr. et par fil, r. Maurice 5.
Monand, Claude, rue au Centre, clos Riondel 4.
Moiroux, François, rue de Sèze 61.
Monfouilloux Michel, rue Tholozan 19.
Monin, veuve, rue Dumenge 5.
Monnet, Jean-Marie, rue Dumenge 10.
Montigon, Bt, tisseur et plieur. rue Flesselle 22.
Moras, François, rue de Flesselle 12.
Morel, Denis, rue Lafayette 5 ; *Boucle.*
Mottin, A.-M , plieur et tisseur, rue Touret 1.
Mouton, Louis, rue Duviard 1.
Nicolas, Louis, rue Rivet 12.
Peronnet, Joseph, grande rue 18 ; Croix-Rousse.
Perret, Victor, rue des Fantasques 8.
Petitjean. Jean-Marie, place de la Visitation 5-6.
Peyrard, Ennem.. grande rue 83 ; Croix-Rousse.
Ponchon, Louis, plieur et tisseur, chemin de la
    Favorite 14 ; *St-Irénée.*
Poyard, J.-M , plieur et tiss, pl St-Louis 14; Guil.
Reymond, Franç., plieur et tiss r. Lafayette 13 ;
    Boucle.
Richard, Cl -Jos , rue Ste Elisabeth 49 ; Brott.
Robert, J.-P., plieur et tisseur, rue Flesselle 10.
Rolland fils, plieur et tisseur, rue de l'Epée 16.
Rolland, Bt, *tulles,* rue des Pierres-Plantées-
    Grande-Côte 9.
Ronchaud, Claude, rue de la Terrasse 2.
Rousset, Martial, rue de la Citadelle 5.

Roux, Joseph. rue de Sèze 47.
Souvraz. Aug., rue des Gloriettes 1.
Suchet, Jean-Marie, grande rue 85 ; Croix-Rous.
Thomas, Claude, grande Côte 27.
Tisson, Pierre, cours des Tapis 26.
Tricaud, Joseph, plieur et tisseur, r. Lainerie 11.
Valino. B -L.. plieur et tisseur, montée du Che-
   min-Neuf 63.
Vallette, Pierre. place Colbert 8.
Valous . Jean-Madeleine, rue des Chartreux 27.
Véra, Joseph, plieur et tisseur, rue au centre du
   clos Riondel 1.
Veron, J.-F., plieur et tisseur, rue de Trion 11.
Viallon. Franç, plieur et tisseur, rue Celu 12.
Vignand, Guillaume, rue Madame 45.
Villioud, Claude, *plieur et gaufreur*, c. des Tapis 4.
Vitte, Pierre, rue Perrot 20-22, Cr.-R.
Zacharie, veuve, place des Petis-Pères-rue des
   Tables-Claudiennes 8-10.

ENLACEURS DE CARTONS.

Bertrand, André, rue Neyret 21.
Chaine, Antoine, rue Neyret 11.
Decourd aîné, rue Ste-Blandine 5.
Decourt, J. jeune, rue Pouteau 11.
Decour cadet, rue Pouteau 16.
Duchesne, veuve, rue Neyret 35.
Faye, veuve, place du Perron 5.
Galvan, Jn-Alex, rue Neyret 23.
Giuganino, Jacq., rue Caponi 1.
Grenard, Ls, r. Vieille-Monnaie-pass. Thiaffait 3.

Milou, Ls, rue Imbert-Colomès 24.
Mortier, veuve, rue des Tables-Claudiennes 21.
Rochon . F., *nouveau procédé,* **rue des Tables-**
    Claudiennes 18.
Terrier, Jn-Jh, rue des Tables-Claudiennes 31.

REMISSES (Fabricants de).

Baril, H., côte St-Sébastien 23.
Beaumont, J., Grande Côte 93.
Béraud, veuve, côte St-Sébastien, à Côté 20.
Boiron, A.-F., montée du Gourguillon 25.
Bouvard, dame, côte St-Sébastien 12.
Burelle, J.-M , *remisses perfectionn.* gr. rue 3 ; Cr.-R.
Dufour fils, rue du Commerce 6.
Marcel et Cie, rue St-Marcel 48.
Michel, Fois, rue Perrot 14 ; Croix-Rousse.
Moussy, dame. rue Vieille-Monnaie 17.
Pilloux, Ant., rue Vieille-Monnaie 11.
Plassard, dame, rue Ste-Blandine 2.
Riondet, F., rue du Commerce 1.
Rolin, J.-B., rue des Chartreux 21.
Sagnon, F , côte St-Sébastien 18.
Sallier, veuve, côte St-Sébastien 10.
Sarrazin, veuve, Grande-Côte 90.
Seigle-Goujon, place des Petits-Pères-rue des Ta-
    bles-Claudiennes 8-10.
Vincent, F., rue des Capucins 6.

REMISSES (Soie, Fil et Coton pour).

Baril, H., côte St-Sébastien 23.

Cornet, Hyacinte, côte St-Sébastien 22.
Dufour fils, rue du Commerce 6.
Forel et Cie, place Neuve-des-Carmes 10.
Moussy, dame, rue Vieille-Monnaie 17.
Riondet, F., rue du Commerce 1.
Sagnon, F., côte St-Sébastien 18.
Seigle-Goujon, place des Petits-Pères-rue des Ta-
   bles-Claudiennes 8-10.
Vincent, F., rue des Capucins 6.

LISEURS ET REPIQUEURS DE DESSINS.

Agnès, Joseph, rue des Tables-Claudiennes 16.
Audibert, Laurent, rue Imbert-Colomès 24.
Bavoux, P.-F -E , rue Imbert-Colomès 18.
Berthet, A.-H., rue Pouteau 13.
Berthier, Joseph, rue des Tables-Claudiennes 14.
Bertholier, L. fils, rue du Commerce 24.
Besson, Jacques, rue Neyret 16
Bolliet, J.-B., success. de Cotteret, rue des Ta-
   bles-Claudiennes 16.
Bondet Vve et Cie, r. des Tables-Claudiennes 33.
Bonichon, Victor, rue Vieille-Monnaie 17.
Bouvet, Ambr., rue Camille Jordan 1.
Carron, Laurent, rue Ste-Blandine 2.
Charles, J.-M., rue Imbert-Colomès 25.
Chorier, D., rue *Casati*-Pouteau 21.
Condamin, J.-B., rue Camille Jordan 3.
Daloz, Victor, rue Vieille-Monnaie 12.
Duperray. Mathieu, rue Pouteau 16.
Dupras-Lamur, L -V., rue *Casati*-Pouteau 21.
Esparron, J.-M., rue Vieille-Monnaie 8.

Falconnet, Pierre, rue Camille Jourdan 3.
Fix, Paul, rue Imbert-Colomès 16.
Fluet, Philip. rue Camille Jordan 1.
Garin, Laurent, rue des Tables-Claudiennes 33.
Gauthier frères, côte St-Sébastien 22.
Genisset, Jean, rue *Casati*-Pouteau 21.
Giraud, H., success. de Boulogne, r. Pouteau 11.
Guerin jeune, rue Imbert-Colomès 12.
Guignard, Nicolas, rue Camille Jordan 3
Guiguet, Jacques-Stanislas, rue Bodin 8.
Jaillet, A , père. Grande Côte 59.
Jaillet fils, rue Caponi 1.
Janoray frères, côte des Carmélites 10.
Jeanton, Ant., liseur et repiqueur, rue du Com-
    merce 14.
Jund, Ignace, passage Thiaffait 2.
Labey, Claude, rue Ste-Blandine 5.
Leymarie, Mamès, rue Vieille-Monnaie 8.
Loisy, Martin, rue du Commerce 14.
Luquin, Clément, rue du Commerce 22.
Mairot, Jean, rue des Tables-Claudiennes 13.
Mathieu, Jean, rue Vieille-Monnaie 23.
Mathieu, A -C., rue des Tables-Claudiennes 33.
Maurel, F. aîné, rue Imbert-Colomès 16.
Maurel, J. jeune, rue Imbert-Colomès 16.
Molin, Philib. place du Perron 2.
Monnier, A.-C., passage Thiaffait 3.
Perrin, Michel, rue Imbert Colomès 16.
Poussonel, Casimir, rue Ste-Blandine 2.
Prost, E -A., passage Thiaffait 4.
Randon, Antoine, rue Vieille-Monnaie 23.
Randon, demoiselle, place du Perron 1.

Revel. J.-F., place du Perron 1.
Richard, Antoine, rue Camille Jordan 3.
Richard, Etienne, r. des Tables-Claudiennes 16.
Richard, Jean, rue des Tables-Claudiennes 12.
Rigollier, demoiselle, r. Tables-Claudiennes 25.
Rochon, F., repiq.-enlaç. de cartons, rue des Tables-Claudiennes 18.
Roux, Pierre, rue du Commerce 18.
Salles, François, passage Thiaffait 2.
Schorisch, B.-J, place du Perron 2.
Trouessard, veuve, rue Imbert-Colomès 12.
Trouillet, François, rue du Commerce 22.
Vincent, Nicolas, rue des Tables-Claudiennes 25.

USTENSILES POUR LA FABRIQUE (Marchands d')

Bavet, B., Grande Côte 88.
Bergeret, Fleury, rue du Mail 8 ; Croix-Rousse.
Blanchard, J.-B., rue des Capucins 1.
Bourdelin-Dumas, cours Morand 56 ; Broteaux.
Bosson, P., rue Chapeau-Rouge-St-Vincent-de-Paul 15 ; Croix Rousse.
Bourdot, Georges, rue de Flesselle 10.
Bouvard, J.-B., *en menuiserie*, rue Ste-Blandine 5.
Branche, Victor, *march. fabric.* rue du Bœuf 7.
Branche, Joseph, *march.* rue du Bœuf 30.
Brossier et Vammoë, *fabric.* r. Vieille-Monnaie 11.
Brun, J.-F., rue Duviard 5 ; Croix-Rousse.
Calval, Ant., *en menuiserie*, r. Imbert-Colomès 10.
Chalon, Claude, rue Moncey 11 ; Guillotière.
Chapuis et Lassalle, Grande-Côte 61.
Chapuis et Cie, Grande Côte 78.

Charrel, Louis, rue Pailleron 10 ; Croix-Rousse.
Chauvel, François, rue Bodin 2.
Coste, Denis, rue Mazagran 1 ; *clos Chaumais.*
Coste, A. fils, petite rue de Cuire 1 ; Cr.-Rousse.
Couturier, Fleury, rue du Mail 12 ; Cr.-Rousse.
David, Nicol., rue Ste-Rose 5 ; Croix-Rousse.
Demard, A.-N., et Cie, rue du Mail 23 ; Croix-Rousse.
Desmard, Louis, rue des Fossés-d'Austerlitz 21.
Devaux, François, rue Bodin 8.
Dugnat, dit Bernard, rue Dumenge 6, *s. celle du Pavillon ;* Croix-Rousse.
Dumas, Benoit, Grande Côte 122.
Dumortier Benoit, *fabric.* rue du Doyenné 31.
Foret, Jacques, rue de Flesselle 24.
Gache, J., fabric. *d'ourdissoirs en fer, régulat. nouv. système, pliage en tous genres, cantres à broch. tourn. et pour ombré,* etc. r. Vieille-Monnaie 15.
Gaivallet, François, rue de la Charité 7.
Gros, J.-B., *fabric.* cours Vitton 3 ; Brot.
Hayn, P.-C., grande place 15 ; Croix-Rousse.
Jourdan, Louis, *march.* rue Madame 28.
Lambert, Claude, *fabric.* quai de Pierre-Scise 23.
Mazière, Pierre, rue du Mail 43 ; Croix-Rousse.
Michel, François, rue Perrot 14 ; Croix-Rousse.
Muyard, François, côte St-Sébastien 11.
Offray, J.-A., rue des Fossés-d'Austerlitz 25.
Peysselon, J.-M., rue des Fossés-d'Austerlitz 10.
Plassard fils jeune, Grande Côte 38.
Ponnet, J.-F., *march.* rue du Bœuf 28.
Rassat, Claude, *fabric. de battants,* r. Boileau 7 ; Br.
Rey, Thomas, gr. rue d'Enfer 21 ; Croix-Rousse.

Sifflet, Philib., rue de la Croix grande rue de la Guillotière 141.
Sifflet, J.-P., rue Tholozan 9.
Tissot, J.-M , *march.* rue St-Georges 10.
Tourner, Marcel, en liquid. r. Trois-Maries 10.

MOIREURS.

Bon et Cie, place du Perron 2.
Brun frères et Cie, petite rue des Feuillants 6.
Chabot, A., gaufr. rue Vieille-Monnaie 41.
Dalaison, C., moir. et gaufr. rue du Griffon 13.
Danguin , A.-B. D. , moir. et gaufr. place St-Clair 5.
Dumas et Cie, rue Vieille-Monnaie 17.
Faure fils, côte St-Sébastien 22.
Ferrand, J., petite rue des Feuillants 4.
Gacon et Desflache, rue des Capucins 26.
Guignot, A , et Cie, rue Mont-Bernard 16 ; Brott.
Laboret, Francoz et Cie, rue Vieille-Monnaie 21.
Moreau et Massard, rue Vieille-Monnaie 39.
Perret, J.-E., rue Ste-Marie-des-Terreaux 3.
Perrier, Ch., rue des Capucins 21.
Flantin et Faisant, rue Vieille-Monnaie 35.
Portier, Rousset et Perrier, r. Vieille-Monnaie 35.
Rey. Charles, rue Masson 21.
Ruchier, And., rue Vieille-Monnaie 13.
Suson, P., rue Vieille-Monnaie 24.
Tavernier, C., place Croix-Paquet 2.
Vernay, C., moir. et gaufr. place des Pénitents 3.

PASSEMENTERIE ET ENJOLIVURE (Fabricants).

André Bogey, passement. nouv. r. Poulaillerie 13.

Avallet, J., passement. p. meubles, nouveautés, rue Poulaillerie 6.

Balmont et Cie, rua Vieille-Monnaie 33.

Bayard frères, passement. rue Tupin 28.

Bellet fils et Cie, passementerie, franges, etc., rue Centrale 56-28.

Bertrand veuve d'A., passement. et enjoliv. place de l'Herberie-rue St-Côme 8.

Bonnin, Victor, et Cie, passement. nouv. rue Dubois 38.

Bosson, F., enjoliv. passement. rue Ste-Catherine 13.

Bouyer-Fore, enjolivures, passement, nouv. rue Clermont-place du Plâtre.

Burtin, Juif et Cie, enjoliv. et passement place St-Pierre, à côté de l'église.

Caire, J.-B , passement. et frang. r. Juiverie 18.

Deprez. dame, passement. pour la chapellerie, rue Sala 50.

Divat-Magdinier, success. de Nicod et Baume, passement. enjoliv. nouv. pour meubles, rue de la Platière 5.

Fayot frères, épaulettes en laine, chemin du Sacré-Cœur anc. 13; Guillotière.

Flacheron-Michon, enjoliv. et passement. rue Centrale 64-36.

Fleury, M., passement enjoliv. r. Centrale 47-5.

Fore, veuve, rue S--Côme, vis-à-vis 4.

Fournier et Chapas, mercerie et passement. rue
 Centrale 54 et 56-26 et 28.
Gizon, J , franges, rue Poulaillerie 21.
Gelet, C., et Cie, passement. pour meubles, frang.
 nouv. rue du Plâtre 8.
Granger-Mehier, enjoliv. pl. de la Préfecture 3.
Jacob-Desportes, passement. r. des Maronniers 6.
Martin frères, passement. frang. galons, velours,
 nouv. place du Change 3.
Martin, A., fabric. de passement. et équipement
 militaire, rue Clermont 3.
Mehier, Charles, galons, franges, rue Centrale-
 St-Pierre 39.
Noël et Cie, passement. et enjolivure , rue St-
 Marcel 23·
Papon. veuve, passement. franges et enjoliv. rue
 des Forces 3.
Perret et Cie, enjolivures, *place des Carmes*-rue
 d'Algérie 17.
Perret-Gros, enjoliv. pour meubles, rue de la
 Poulaillerie 20.
Pichon jeune et Cie, passement. frang. et galons,
 place de l'Herberie-rue St-Côme 7.
Repiquet et Silvent, place Croix-Paquet 2.
Rochette et Gaget, passementerie et franges, rue
 Mercière 55.
Rozat, Dlle, passement. et enjoliv. pour meubl.
 rue Buisson 3.
Schneider, F., enjoliv. rue Belle-Cordière 7.
Serrand, Dlle, enjoliv. place de la Préfecture 1.
Tholon-Béraud et Gathier, r Centrale-St-Pierre 35.
Tissot, veuve, *passement.* r. Sirène-Clermont 25.

Valansot et Bouillon , place des Carmes - rue d'Algérie 21.

GALONS, RUBANS-VELOURS (Fabricants de).

Balmont et Cie, rubans unis, etc. rue Vieille-Monnaie 33

Bellet fils et Cie, rue Centrale 56-28.

Blache et Cie, rubans-velours, place Tholozan 27.

Bonnamour aîné, galons-velours, franges, effilés, nouv. rue Centrale 47-5.

Bonnamour jeune, galons et velours, rue Centrale 42-12.

Bonnin, Victor, et Cie, galons, rub. unis, velours, rue Dubois 38.

Briéry frères, galons, nouv. pl. Croix-Paquet 2.

Chazotier-Cholat, rue Sirène-Clermont 23.

Duplatre, L, galons, velours, rubans unis, rue Poulaillerie 16.

Fiasson jeune, velours, galons pour dames, place de la Préfecture 5.

Garcin et Derognat, galons, place Tholozan 21.

Gizon, J., galons, rue Poulaillerie 21.

Guilloud, Claude, et Cie, galons, nouv. place du Concert 3.

Gustelle Jules, galons, etc. rue du Griffon 11.

Marteau, J.-B. et Grassot, galons, rub. unis, etc. place de la Préfecture 8.

Martin frères, galons, velours, nouv. etc. place du Change 3.

Mauvernay et Cie, rubans, place Tholozan 21.

Mehier, Charles, galon. passement. franges, rue
 Centrale-St-Pierre 39.
Pichon jeune et Cie, galons, etc rue St-Côme 7.
Repiquet et Sivent, rubans, place Croix-Paquet 2.
Reynier cousins et Drevet, rub. r. du Griffon 12.
Riboud frères, rubans, place des Capucins 3.
Ricard, Ch., et Cie, gal , pet. r. des Feuillants 9.
Rochard, Corcelette, galons, rubans unis, etc.
 rue Dubois 26.
Rochette et Gaget, gal. et velours, r. Mercière 55.
Valansot et Bouillon. galons, rubans unis, etc.
 place des Carmes-rue d'Algérie 21.

CHENILLES (Fabricants de).

Ayné frères, quai de Retz 4.
Martin. Franç., rue de la Monnaie (*Petit-David*) 2.
Mercier, Jacques, rue Romarin 21.
Montagny, F., rue de la Grenette 33.
Poly-Jordanis, place St-Nizier 4.

RASEURS DE VELOURS ET SOIERIES

Bailly, A., velours, place Croix-Paquet 11.
Billand. Cl., raseur et plieur, pet. r. Feuillants 9.
Boulot-Cuzin, dame, velours, petite rue des
 Feuillants 5.
Boutin, Alex., soieries, impasse St-Clair 3.
Campiche, Charles, velours. rue du Griffon 8.
Fabre, Henry, soieries, rue des Capucins 25.
Fornier-Badey, satins, pet. rue des Feuillants 5.
Gurset, A., velours, petite rue des Feuillants 5.

Hayn, L., velours, rue Lorette Griffon 2.
Marthoud, B., velours, pet. rue des Feuillants 6.

CHINEURS.

Baconnier, Ant , quai de Retz 14.
Basset, J.-Bte, rue du Palais-Grillet 14.
Bonny, Jean, cours d'Herbouville 29 ; Cr.-Rousse.
Bourdelin, Nicolas, rue Grôlée 1.
Bourillon, Jean, rue de la Martinière 9.
Bruguier cadet, chin, teintur. pl. Sathonay 3.
Charvet, J.-M., q. Bon-Rencontre-de l'Hôpital 8.
Decôme, Dominiq., rue de Jussieu 21.
Demare, veuve, q Bon-Rencontre-de l'Hôpital 7.
Favre, Jean-Fréd., place Croix-Paquet 11.
Monfray, A , et Cie, chin. et impr. quai d'Albret,
  port aux bois.
Monfray; Etienne, rue Grôlée 42.
Monfray, Jean, chin. et impr. rue Monsieur 29.
Reynaud, Oron, q. Bon-Rencontre-de l'Hôpital 9.
Traillat, Jean-Baptiste, quai des Augustins-Saint-
  Vincent 57.
Valette, Pierre, place Colbert 8.

ECOLE THÉORIQUE ET PRATIQUE POUR LA FABRICATION DES TISSUS

Bert père et fils, *pratiq et théorie*, r. St-Marcel 86.
Dufour, Ant., *pratiq. et théorie*, r. Fantasques 12.
Girardy, F., *pratiq. et théorie*, rue Imbert-Colo-
  mès 5.
Maissiat, S., *pratiq. et théorie*, place Sathonay 3.

Peyot, F., professeur de *théorie*, place Croix-Paquet 5.
Roussy, Philibert, *pratiq. et théorie*, rue Charlemagne 56 ; Brott.
Vignaud aîné, *pratiq. et théorie*, r. Vaucanson 4.

SOIERIES, COUPONS, VELOURS, ETC.

Bouché, J., soier. et rubans, cours de Brosse 15.
Burgarel et Grenet, soier. rubans, velours, etc.
gr. rue Longue 16.
Cazot, B., soier. velours, rubans, etc. rue Cen-
trale 79-37.
De St-Prix, veuve, soier. et dessins pour la bro-
derie, rue de la Platière 5.
Pailler, dame, soier. p. modes. robes, etc. place
St-Pierre-rue de la Platière 6-20.

PRUD'HOMMES (Conseil des).

Bertrand, Félix, fabric. rue Puits-Gaillot 27 ;
président.
Balleidier, Félix, fabric. rue des Capucins 22 ;
vice-président

SECTION DE LA SOIERIE.

FABRICANTS :

Bois, Ant., grande rue des Feuillants 1.
Bonnet neveu, rue du Griffon 8.
Cochaud, Pierre, rue du Griffon 17.

Desmarquet, Félix, place Croix-Paquet 11.
Donat, Auguste, place Croix-Paquet 3.
Favrot aîné, rue des Capucins 31.
Girard, Adrien, place Tholozan 27.
Rebeyre, Sabin, rue Vieille-Monnaie 43.
Thevenet, Jean-Ant., rue Romarin 3.

CHEFS D'ATELIER.

Barbier, Pierre, rue du Mail 31 ; Croix-Rousse.
Carbonel, Pierre, rue-place St-Georges 44.
Charnier, Pierre, place St-Laurent 1 ; (*St-Paul*).
Guinet, Didier, grande place 6 ; Croix-Rousse.
Massard, Benoit, Grande Côte 118.
Morel, Pierre, rue Vieille-Monnaie 15.
Rougemont, J.-B., grande place 12 ; Croix-Rouss.
Tray, M.-C., montée du Chemin-Neuf 16.
Vallefin, Henri, rue Monsieur 14 ; Brot.

SECTION DE LA DORURE.

FABRICANTS.

Courtet, Jules, rue St-Marcel 30.
Jouve, Hippolyte, rue Lafont 6.
Siméau, Claude, place Sathonay 4.

CHEFS D'ATELIER.

Blanquet, Stanislas, rue de la Lune-Tupin 38.
Ferra, E.-C., impasse du boulevart St-Clair 6.
Ville, Joseph, quai St-Antoine 34.

BONNETERIE ET TULLES.

FABRICANTS.

Gubian, J.-B , rue Donnée 4.
Musanty, Anthelme, rue Coustou 4.

CHEFS D'ATELIER.

Devaux, Claude, rue Cuvier 129 ; Brot.
Fesquet, Math., rue Noire 13.

CHAPELLERIE.

FABRICANTS.

Baton, Benoit, rue Noire 11.
Fournier, Paul, rue Port-Charlet-Ferrandière 46.
Noyer, Charles, cours Lafayette 6 ; Brot.

CHEF D'ATELIER.

Combe, Jean-Marie, rue de la Barre 2.
Mancel, Jean, rue des Asperges 25 ; Guillot.

———

Roussy. P., conservat. des échantil. et dessins,
    vérificateur des plaques pour la Jacquard, rue
    Charlemagne 58 ; Brot.
Mouillaud, J., avocat. rue Bombarde 1-3.
Passot, P.-C., médecin. rue Centrale 82-54.
Staron-Saint-Marcel, secrétaire en chef, cours
    Vitton 66-15.

Seppe, A.-H., commis-secrét. r. l'Annonciade 24.
Perrat, A., huissier, rue St-Dominique 1.

TRIBUNAL DE COMMERCE

A L'HOTEL-DE-VILLE.

Président :

M. Empaire ✳, place de la Comédie; à *la Noël*,
rue Impériale, à l'angle de la rue Grenette.

Juges :

MM.
Bocoup, place Tholozan 27.
Denavit, rue du Griffon 18.
Dugueyt, place de la Charité 6.
Galline, O, place Tholozan 26.
Jomain, rue Ste-Catherine 11.
Mouterde, rue Madame 34.
Perrin, Louis, rue d'Amboise 6.
Rey, Aug., place Croix-Paquet 3.
Vidal, A., grande rue Longue 27.
Vouillemont, L., rue de la Palme-Platière.

Suppléants :

MM.
Côte, Théod., quai de Retz 10.
Fougasse, E. fils, quai de Retz 9.
Fournet, J.-F., place de la Miséricorde 6.
Franc, Victor, rue Neuve 7.
Jaillard, Louis, rue Lafont 4.
Louvier, P., cours-quai Bourbon 6.

Paturle, Alph., rue St-Dominique 2, *greffier.*
Guillermin, J., *commis greffier.*
Baron, J., rue Centrale 54-26,
Charmetant, C., rue Lanterne 28, } *huissiers.*
Bernard, J.-L., rue du Plat 10, *secrétaire* de la présidence.

AUDIENCES : les mardis et vendredis, à cinq heures du soir, pour les causes sommaires ; les mercredis et jeudis, pour les plaidoiries.

Le greffe est ouvert de huit heures du matin à quatre heures du soir ; les mardis et vendredis jusqu'à cinq.

Le secrétariat de la présidence est ouvert de neuf heures du matin à quatre heures du soir.

Le président donne audience tous les jours, à dix heures du matin (dimanches et fêtes exceptés).

Les créanciers peuvent venir au secrétariat visiter la comptabilité des syndics de faillite, pour celle dans laquelle ils se trouvent.

SYNDICS DE FAILLITE,

PRÈS LE TRIBUNAL DE COMMERCE.

Chevillard, Fleury, rue Lafont 14.
Guinard, Pierre, *bureau* place du Collége 6.
Rolland, A. fils, place des Pénitents 5.
Vallée, J.-J., rue Thomassin 6.

CHAMBRE DE COMMERCE,

BUREAUX : PLACE DES TERREAUX, PALAIS SAINT PIERRE.

M. Le préfet, *Président d'honneur.*

MM.

Brosset aîné, *président élu.*
Jame, Hippolyte, *secrétaire trésorier.*
Tisseur, *secrétaire-archiviste.*

Membres de la Chambre :

MM.

Arlès-Dufour, négoc. commiss. pl. Tholozan 19.
Aynard, F.-H., manuf de draperie q. St-Clair 15.
Bonnardel aîné, entrepreneur de transports par eau, quai d'Occident.
Brisson aîné, md fabric. de soier. r. du Griffon 17.
Desgrand, négociant-commission. r. du Garet 5.
Faure, Bruno, md rouennier, rue Centrale 43-1.
Fougasse aîné, négociant commiss. q. de Retz 9.
Galline, Oscar, banquier, place Tholozan 26.
Girodon aîné, md fabricant de soier. q. de Retz 3.
Jame, Hippolyte, march. de soies, r. Désirée 4.
Meynier, md fabr. de soier. p. r. des Feuillants 9.
Michel, Ant teintur. en soie, r. de la Quarantaine.
Monterrad, Amedée, ancien négoc. r. Royale 29.
Tardy, Th., ancien négociant, r. des Colonnies 1.

LE BUREAU du Secrétariat est ouvert tous les jours de onze à quatre heures (Dimanches et Fêtes exceptés).

CAISSE D'ÉPARGNE ET DE PRÉVOYANCE.

BUREAUX A L'HOTEL DE VILLE :

MM.

De Coutance, Georges, président;
Roche, Jules,
Chatel, Hector, } vice-présidents;

MM.

Blanchon, Joannès, secrétaire ;
De Pettolaz, Félix, } secrétaires-adjoints.
Phélip, Elysée,

Personnel de la Caisse.

Lebrun, H., agent général, caissier ;
Roche et Jamas, sous caissiers ;
Targe, Feuillet, Besson et Méjasson, commis.

NOTA. — La Caisse reçoit (du 1er mai au 31 octobre) le dimanche et le lundi, de neuf heures à onze heures : — (et du 1er novembre au 30 avril) le dimanche et le lundi, de dix heures à midi.

Elle est ouverte tous les autres jours de la semaine, de neuf heures à quatre heures, pour les demandes de transferts, d'achats de rentes et de renseiguements divers.

Les versements ne peuvent être moindres d'un franc, ni excéder trois cents francs du même déposant, chaque semaine.

Les versements du lundi seront considérés, pour le calcul des intérêts, comme faits le dimanche.

CAISSE DE PRÊTS

EN FAVEUR DES CHEFS D'ATELIERS DE LA FABRIQUE.

BUREAU A L'HOTEL-DE-VILLE.

MM.

Grand-Clément, quai St-Antoine 22 ; agent comptable ;

Dépalme, Joannès, rue Clermont 5 ; teneur de livres ;

MM.

Perret, Anthelme, rue de la Poulaillerie 20;
commis-visiteur;

Isnel, Jean, rue de la Barre 10; commission-
naire.

SOCIÉTÉ DE SECOURS MUTUELS

DES OUVRIERS EN SOIE DE LYON.

BUREAUX : RUE DES CAPUCINS, 6.

MM.

Brosset aîné, président du Conseil d'adminis-
tration;

Ponson, Claude, chef de la commission admi-
nistrative;

Foullut, Aimé, agent comptable ;

Dumond, Victor, chef de la comptabilité.

Les bureaux sont ouverts tous les jours de neuf heures à
quatre heures.

Les inscriptions des sociétaires et des recettes de cotisation
ont lieu dans les mêmes bureaux, tous les dimanches, de dix
heures à une heure.

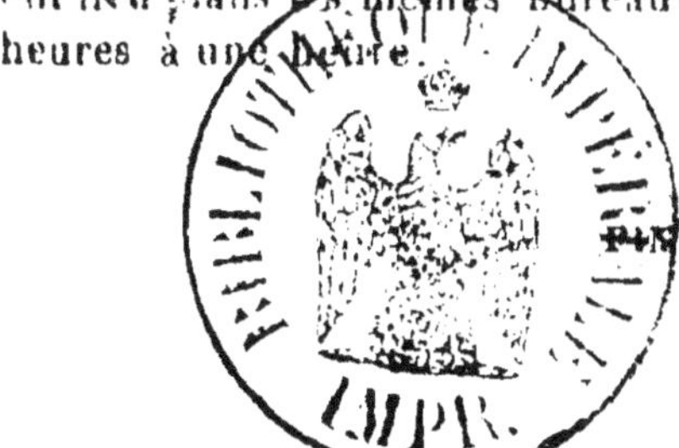

TABLE DES MATIÈRES.

FIN DE LA TABLE.

Lyon. — Imp, de F. DUMOULIN, rue Centrale 20.

www.ingramcontent.com/pod-product-compliance
Lightning Source LLC
LaVergne TN
LVHW011348170726
843501LV00006B/1727